PLAN

D'ÉDUCATION,

ET

LES MOYENS DE L'EXÉCUTER.

PLAN D'ÉDUCATION,

ET

LES MOYENS DE L'EXÉCUTER.

Par Dom DEVIENNE,

Religieux Bénédictin de la Congrégation de Saint-Maur , Historiographe de la Ville de Bordeaux.

SECONDE ÉDITION.

A LONDRES;

Et se trouve à PARIS,

Chez { CRAPART, Libraire, rue de Vaugirard.
{ EDME, Libraire, rue St-Jean-de-Beauvais.

M. DCC. LXXV.

AVANT-PROPOS.

JE propofe dans cet écrit de former un établiffement pour l'Éducation. Il doit en réunir toutes les parties & remplir chaque objet dans toute fon étendue. J'en trace le plan, j'en indique les moyens, & il en réfulte que, fans aliéner aucun fonds, fans même être obligé à la plus légère avance, on voit naître infenfiblement le plus vafte, le plus magnifique, le plus utile de tous les Colléges, qui étant conduit à fa perfection dans un petit nombre d'années, poffédera alors pour plus de deux millions de bâtimens & d'effets relatifs à l'objet de fon inftitution, & fans excéder dans le prix des penfions, en retirera chaque année, après avoir amplement fatisfait à fes charges, plus de cent mille livres de bénéfice.

A

Il est des idées si éloignées de la vrai-
semblance qu'on est en quelque forte
autorifé à les rejetter, fans daigner feule-
ment les examiner. Celle que je viens de
préfenter paroîtra fans doute de cette
efpèce. Cependant j'ofe non-feulement la
produire avec affurance, mais avancer de
plus que je ne crois pas qu'on puiffe oppofer rien de raifonnable au projet que
je mets fous les yeux du public.

Ce ton de confiance ceffera de fur-
prendre , quand on fçaura que ce petit
écrit a déja vu le jour, & fans avoir été
répandu par la voie dont je me fers au-
jourd'hui, il a été néanmoins affez connu,
pour que j'aie pu me fixer fur ce qu'il renferme. Il a même percé jufqu'à quelques
Journaliftes qui en ont porté le jugement
le plus favorable. Je me contenterai
donc, en le laiffant tel qu'il a paru d'a-
bord, de répondre à des obfervations
qui m'ont été faites, & qui, fans toucher
à la fubftance du projet, m'ont donné à
connoître que quelques éclairciffemens

étoient néceffaires pour achever de déve-
lopper mes idées.

On ne trouve, m'a-t-on dit, dans votre plan que les principes généraux qui
doivent diriger la marche de l'établiffement. On auroit defiré de connoître en
détail les règles particulieres qui y feront
obfervées. Sans elles, il fera difficile d'infpirer au public une confiance égale à la
vôtre. Cette objection eft folide & mérite
une réponfe.

De quelque maniere que doive fe former l'établiffement que je propofe, il
exigera néceffairement, s'il a jamais lieu,
la protection la plus décidée de la part
du Gouvernement. Dans cette hypothèfe,
le miniftere envifageant l'utilité fingu-
liere dont il peut être, fe déterminera
fans peine à prendre des mefures pour
être inftruit de ce qui fe paffe dans les
Colléges qui ont le plus de réputation. Il
en eft peu qui ne fe diftingue particu-
lierement dans certaines parties. Dans

l'un , les exercices font diftribués de façon à ne pas fatiguer des organes encore
foibles par une tenfion trop continuelle.
Dans l'autre , les méthodes ufitées pro-
cèdent par les voies les plus courtes.
Dans celui-ci , les mœurs font infpectées
de la maniere la plus fûre. Dans celui-là ,
l'émulation eft portée à fon plus haut
degré, par des pratiques ingénieufes qui
fçavent tirer des enfans tout le parti poffible. Des Mémoires circonftanciés pro-
cureront toutes ces connoiffances. L'Au-
teur du Plan, après avoir examiné l'ufage qu'il peut en faire , parcourra les
Académies les plus célèbres , afin de
voir par lui-même l'effet que produifent
certaines pratiques qui auront pu lui
paroître fingulieres. S'étant ainfi pénétré de tout ce qui peut l'aider à remplir
le plus efficacement fes vues , il aura
toute facilité pour dreffer fes règles particulieres , & afin de donner le dernier
dégré de perfection à fon ouvrage , il en
conférera avec ces Inftituteurs confom-
més dans leur art que la Capitale ren-

ferme, & qui n'ayant en vue comme lui que le bien public se feront un mérite & un devoir de l'aider de leurs obfervations & de leurs lumieres.

S'IL n'eft pas de loix qui foient à l'abri des changemens (c'eft la feconde objection qui m'a été faite), pouvez-vous raifonnablement compter fur l'obfervation invariable de celle que vous aurez cru devoir prefcrire ?

TOUT édifice doit avoir un fondement; s'il manque , le bâtiment croule. Mon établiffement fera fondé fur des loix: tant qu'elles fubfifteront, il fera en vigueur. La chûte de l'un tient à l'inexécution des autres. *Les œuvres des humains font fragiles comme eux* , dit un de nos Poëtes. Cependant il en eft qui acquièrent quelquefois un degré de folidité dont on ne les croyoit pas fufceptibles. On ne revient point de fa furprife, quand on voit Sparte, obferver pendant cinq cens ans les loix les plus bifarres, & l'on ne peut réfoudre

ce problême qu'en appréciant fon lé-
giflateur. Pourquoi ne veut-on pas que
notre établiffement une fois formé fe
foutienne? Ses loix feront fages. On les
aura dreffé avec foin. On aura connu les effets qu'elles produifent dans les
lieux où la plupart font déja en vigueur,
& les abus qui exiftent dans les établiffemens où l'on en obferve de différentes.
Le Directeur devant être remplacé
par un des Préfets, & ceux-ci étant
de fon choix, l'efprit qui aura préfidé à
la premiere obfervation des règles fe
perpétuera fans peine. Indépendantes du
caprice, inacceffibles à l'arbitraire, leur
exécution ne dépendra plus de ceux à
qui elle aura été confiée ; enfin le Par-
lement le plus proche, chargé de recevoir les dénonciations, achevera d'oppofer
à l introduction des abus une barriere
infurmontable.

Votre Collége, m'a-t-on dit, n'eft
fondé que fur vos penfions. Si elles

ne font pas exactement payées, que deviendra-t-il?

L'ÉTABLISSEMENT doit être à deux lieues d'une grande Ville. Il y aura dans cette Ville un Bureau où l'on fera obligé de s'adreffer pour demander des places. Les demandes y feront enregif-trées par ordre de date, & les plus anciennes auront toujours la préférence. Les parens prévenus enverront leurs enfans à un habitant de leur choix, qui préfentera les nouveaux Penfionnaires, en payant par avance une année de leur penfion. Le Collége ne connoîtra que ceux qui les auront préfentés, & fi tous les ans ils ne renouvellent pas dans le mois le paiement de la penfion, on leur renverra les Penfionnaires. Cet inconvénient eft inévitable. Le Directeur lui-même ne pourra pas garder ceux dont les penfions n'auront pas été payées, parce qu'il fe trouveroit alors un *deficit* dans le compte qu'il doit rendre devant les Préfets, tant de fa recette que de fa dépenfe. Toute diftinction

fur ce point effentiel fera profcrite par
une loi fondamentale. Les parens s'arran-
geront en conféquence , & cette loi ne
paroîtra pas trop févère , fi l'on fait attention qu'il eft impoffible de faire fub-
fifter autrement le Collége.

On m'a fait encore d'autres objections
qui fuppofent que l'état actuel des chofes
doit fervir de règle pour apprécier des
idées nouvelles.

Nous favons qu'il exifte des abus
dans les meilleurs établiffemens, & nous
imaginons qu'il n'eft pas poffible d'en
former d'une autre efpèce. Nous voyons
que tout eft foible ou corrompu , &
quand on nous préfente des objets dif-
férens , nous croyons qu'on veut nous
tranfporter dans le pays des chimeres.
Pourquoi retrécir ainfi notre efprit ?
eft-il donc fait pour ne fe repaitre que
d'idées petites ou frivoles? Ne l'aviliffons
pas à ce point; croyons que le beau, le
parfait, le fublime ne lui font pas étran-

gers au moins jufqu'à un certain point, &
ne défefpérons pas de voir de tems en
tems dans fes ouvrages ce caractere de
grandeur & d'élévation qui lui eft propre
& qu'il ne perd jamais que lorfqu'on le
défigure.

ENFIN l'on ma demandé, fi en formant mon projet j'ai penfé moi-même
qu'il fubfifteroit un jour.

JE me fuis difpenfé de répondre à cette de-
mande Confulté par un Corps célèbre de
Magiftrats (1), fur un Plan d'Éducation (2)
qu'on leur avoit propofé d'adopter, &
peu fatisfait de ce qu'il contenoit, j'en-
trepris moi-même de traiter la quef-
tion. Mon travail produifit cet écrit qui
reçut un accueil favorable. Ayant rem-
pli la tâche que je m'étois impofé, je
ne crus pas devoir m'occuper des moyens

---

(1) L'Hôtel-de-Ville de Bordeaux.
(2) Les deux Ecoles du Parnaffe.

de réalifer le Plan dont j'avois démontré la poffibilité ainfi que les avantages. L'objet des Gens de Lettres eft de procurer des lumieres. Ils laiffent à ceux qui par état doivent agir, le foin d'en faire ufage. Souvent les circonftances ne le permettent pas. Le fiècle répugne à des établiffemens dont l'utilité n'eft pas conteftée, mais qui ne feroient point affortis au caractere, aux mœurs, aux idées qui dominent. Le fruit du travail de l'Homme de Cabinet n'eft pas pour cela perdu. Ses découvertes, reconnues juftes & utiles, fermentent dans le fecret : la révolution dont il a préparé le germe s'opere infenfiblement, & quelquefois le moment où fes idées paroiffoient totalement oubliées, eft celui où elles fe réalifent.

QUEL tems fut jamais plus propre à faire concevoir d'heureufes efpérances que celui dans lequel nous avons l'avantage de vivre! le Monarque qui gouverne la France, réunit la puiffance aux bonnes intentions. Il eft fecondé par des Miniftres dignes de fa confiance; les préjugés, enfans de l'ignorance & de l'intérêt, qui ont fi fouvent arrêté le bien qu'on entreprenoit, font anéantis. On raifonne dans tous les états. Chacun foumet les objets les plus compliqués à fa difcuffion particuliere , & le Gouvernement par la liberté qu'il accorde de produire les penfées qui tendent au bien public , achève de multiplier les lumieres. Bientôt le flambeau de la vérité n'éclairera pas moins le François que les rayons du Soleil. Enfin jamais la difpofition des efprits n'a été fi favorable. Tout ce qui tend à réformer les abus eft reçu avec avidité. Pourquoi dans de pareilles circonftances défefpérer de voir naître ce que tous. ceux qui aiment le bien défirent , un établiffement pour l'éducation de la Jeuneffe, qui réuniffe tous les avantages de ceux qui exiftent , fans avoir les défauts qu'on ne peut s'empêcher d'y reconnoître; qui en formant les hommes comme ils doivent être , produira le bien

& détruira le mal d'une maniere d'autant plus efficace qu'il prendra l'un & l'autre dans fa fource ?

PLAN

D'ÉDUCATION,

ET

LES MOYENS DE L'EXÉCUTER.

EXPOSÉ DU PLAN.

L'ÉDUCATION qui convient aux Enfans, jufqu'à ce qu'ils aient atteint l'âge de l'adolefcence,
confifte, 1°. A trouver les moyens de conferver
leur fanté & de fortifier leur tempérament.
2°. A les inftruire de la Religion. 3°. A les corri-
ger de leurs vices. 4°. A leur donner les leçons
propres à cet âge. 5°. A cultiver les talens que
chacun d'eux a reçus de la nature. Celui qu'on
aura élevé de la forte poffédera à dix-fept ans

un tempérament robuste ; on ne remarquera en lui aucun défaut essentiel ; il aura des principes sûrs , il saura tout ce qu'il doit savoir , & on l'aura mis, de plus , en état de se rendre supérieur dans la partie à laquelle son penchant & ses dispositions le portent. Que pourroit-on lui désirer davantage ?

Pour conserver la santé des Enfans & fortifier leur tempérament , il est nécessaire de les loger dans une maison placée en bon air & bien distribuée, de leur donner une nourriture simple & frugale, de les exercer beaucoup, & de les former aux jeux qui demandent de l'action , & qui procurent de la vigueur & de l'adresse.

L'étude de la Religion consiste à apprendre ce qu'elle ordonne de croire , à être pénétré d'un profond respect pour les objets de son culte , à se convaincre que l'homme n'est heureux qu'autant qu'il remplit ses devoirs, & que, dans les maux & dans les accidens de la vie, la Religion est sa principale ressource. Ces vérités d'expérience , dont les Enfans auront été instruits de bonne-heure , ne les empêcheront pas toujours d'éviter les écarts de la jeunesse ; mais comme l'ardeur avec laquelle ils pourront fe livrer à des paffions impétueufes, n'en rendra pas les fruits moins amers, les fentimens qui auront germé au fond de leur cœur, les rappelleront de temps en temps à eux-mêmes, diffiperont infenfiblement le preftige, & tôt ou tard reprendront leur empire.

L'intérêt dirige les Enfans & les Hommes. On ne fuit le penchant qui porte au vice, que parce qu'on croit en retirer quelque avantage. S'il produifoit des effets contraires, on y renonceroit fans peine. L'art de l'éducation confifte donc à proportionner tellement les punitions aux fautes, qu'on puiffe convaincre fon Eleve qu'il lui eft plus avantageux d'abandonner fes défauts que de les conferver. Il eft gourmand; puniffez-le par la bouche: il méprife fes camarades; qu'ils ceffent de lui parler: il eft mal-propre; ne lui donnez que des habits groffiers: il eft fujet au menfonge, ou à faire des rapports; affemblez fes camarades, dénoncez-leur le coupable, recommandez-leur de ne le croire en rien, jufqu'à ce qu'après une épreuve fuffifante vous l'ayez rétabli dans fa réputation: il fe comporte indécemment dans le lieu faint; marquez-lui fa place dans un endroit écarté: il cherche querelle, ou fe laiffe aller à des difcours groffiers; obligez-le pendant la ré-

création de se promener seul à la vue des autres : il frappe ; faites-lui donner le fouet ; c'est
le seul cas où il fera permis d'employer ce châ-
timent : il est mutin ou désobéissant ; enfermez-
le jusqu'à ce qu'il connoisse la griéveté de sa
faute : il vole, ou il tombe dans une faute
grave contre les mœurs ; punissez-le sévérement
la premiere fois : s'il retombe , avertissez ses
parens : à la troisieme fois renvoyez le coupable sans que rien puisse vous engager à le re-
tenir. C'est ainsi qu'en puisant dans le mal même le remede propre à le guérir , on accoutu-
me les Enfans à abandonner des défauts qui
n'ont point encore pris de profondes racines ,
qui ont pour eux les suites les plus désagréa-
bles , & dont rien ne les dédommage.

L'Éducation a des parties qui doivent
être communes à tous les Enfans. Il faut que
tous sachent, outre la Religion , lire , écrire,
chiffrer, parler purement leur langue & se pré-
senter de bonne grace. Mais ces objets, sans
lesquels leur éducation seroit défectueuse, étant
remplis, il convient de leur laisser , sur tout le
reste ; la liberté la plus entiere. Rien n'est si
peu réfléchi que de vouloir apprendre à un
Enfant une science dans laquelle on est per-
suadé qu'il ne réussira pas , & pour laquelle

il

il a quelquefois une oppofition marquée. Forcer ainfi fon inclination, c'eft lui faire perdre fon temps & fes peines ; c'eft lui faire prendre en haîne les Maîtres & les livres ; c'eft rifquer de lui donner pour l'étude, & pour toute occupation férieufe, un dégoût qu'il conferve quelquefois le refte de fa vie. Qu'importe à quoi l'homme s'occupe, pourvu qu'il foit véritablement ,occupé ? C'eft le défœuvrement qui le rend à charge à la fociété & à lui-même. Mais comment infpirer à fon Eleve le goût de l'occupation & du travail, fi on ne s'étudie à connoître fon talent, & fi on ne l'applique à des objets qui lui plaifent?

Quelque difpofition que l'on ait pour une fcience, on ne peut éviter, fi l'on veut y réuffir, de lui donner une application toujours pénible, fur-tout à un Enfant qui eft naturellement diffipé, inconftant, le plus fouvent porté à la nonchalance & à la pareffe. Il faut furmonter cette gêne par la vue de la récompenfe. Tel doit être l'aiguillon des vertus & des talens de cet âge. Etabliffez des prix de fageffe : que vos Eleves les adjugent eux-mêmes à ceux d'entr'eux qu'ils en croiront les plus dignes : que chaque Maître ait tous les ans un prix à diftribuer : que tout devienne un objet d'émulation : que celui même qui aura donné dans quelque

jeu des marques de fupériorité, ne refte pas fans
récompenfe.

A mefure que l'Eleve approche du terme de
fon éducation, on doit en prendre plus de foin.
Le momeut où il doit être abandonné à lui-
même, eft un moment critique : ne le lui laiffez
pas ignorer. Achevez alors de le précautionner
contre les défauts auquels il paroît plus enclin,
& contre les dangers de l'état auquel vous pré-
voyez qu'on le deftine. Convaincu, par la confiance que vous aurez fu lui infpirer, que vous
ne lui parlez que le langage de la raifon & de
l'amitié, que vous ne cherchez qu'à prolonger
le bonheur dont il a déja fait l'effai, & qu'à
l'armer contre cette foule d'ennemis qui vont
conjurer fa perte, & dont il fera lui-même le
plus à craindre, il prêtera toute fon attention
à des entretiens dans lefquels la vérité lui fera
préfentée de la maniere la plus propre à le toucher & à le convaincre. C'eft par-là que vous con-
fommerez heureufement votre ouvrage ; & c'eft
ainfi que des Inftituteurs, dignes de porter ce
titre honorable, feront employer utilement le
temps à leurs Eleves, & rempliront également
les intentions des parens, l'efpérance de la nation & le vœu de la nature.

MOYENS

D'EXÉCUTER CE PLAN.

SI le Plan qu'on vient de propofer renferme toutes les parties de l'Education, s'il eft le feul que la raifon puiffe avouer, l'exécution n'en fera pas auffi difficile qu'on pourroit l'imaginier. Quand le vrai eft connu, il eft aifé d'en fuivre les traces ; ce n'eft que dans les routes de l'erreur qu'on s'égare.

L'ÉTABLISSEMENT projetté fera compofé d'un Principal ou Directeur, de fix Préfets, de vingt-cinq Maîtres (1), de cinq cens Eleves, & de foixante Domeftiques.

---

(1) Ces Maîtres enfeigneront à lire, à écrire, l'Arithmétique, la Danfe, le Deffin, la Mufique vocale, la Mufique inftrumentale, la Peinture, la Géographie, la Chronologie, le Blazon, l'Hiftoire, la Grammaire françoife, l'Ortographe, les Principes, la pureté & l'élégance de la Langue Latine, le Grec, l'Italien, l'Anglois, l'Efpagnol, l'Allemand, les Mathématiques, l'Hiftoire Naturelle, la Philofophie, la Phyfique, à monter à Cheval, & à faire des Armes.

Le Directeur aura deux cens louis d'honoraire ; les Préfets & les Maîtres auront cent
louis & la table ; & au bout de vingt ans
d'exercice une retraite de quinze cens livres ;
les Domestiques, cinquante écus de gage (1) ;
& s'ils deviennent infirmes au service de la maison, on pourvoira à leur nourriture & à leur
entretien pour le reste de leur vie.

Le Directeur aura toute autorité dans le
Collége ; ses ordres seront exécutés sans appel ;
il touchera les pensions ; il entretiendra la correspondance ; il aura le pouvoir de nommer les
Préfets, & de les destituer ; il sera perpétuel,
& ne pourra être destitué qu'au cas qu'il viole
les Loix fondamentales du Collége : alors on
pourra le dénoncer au Tribunal indiqué par les
Statuts. Si les plaintes paroissent assez graves,
des Commissaires procéderont juridiquement à
la vérification des faits : s'ils sont prouvés, le
Directeur perdra sa place ; s'ils ne le sont pas,
ses dénonciateurs seront condamnés à quitter
le Collége.

---

(1) On fait ici une compensation pour éviter le détail ; car
il est sensible qu'il y aura nécessairement des distinctions
entre les gages des Domestiques.

Le Directeur aura droit de nommer son suc-
cesseur, qui sera toujours un des Préfets. S'il
est destitué, ou s'il meurt sans avoir fait son
choix, les Préfets & les Maîtres s'assembleront.
Si la majeure partie des voix tombe sur un des
Préfets, il sera reconnu pour Directeur: si aucun
ne réunit ce nombre, la nomination sera dé-
volue à celui qui représentera le fondateur du
Collége.

Les Préfets seront Prêtres, ainsi que le Directeur. Deux d'entr'eux auront inspection sur
les Enfans, & les quatre autres sur les grands
Ecoliers. Ils ne perdront jamais de vue ceux
qui leur seront confiés, hors le temps des
Classes. Leur principal objet sera de veiller sur
l'assiduité des Maîtres & sur les mœurs du
Collége.

Les Préfets composeront le Conseil du Directeur. Il ne fera rien d'important sans en com-
muniquer avec eux; mais il ne sera pas astreint
à suivre leur avis : il les assemblera une fois
par semaine pour conférer sur les affaires du
Collége, & il les instruira chaque année de la
maniere dont il aura administré les revenus de
l'année précédente.

Les places des Maîtres se donneront au

concours. Ceux qui y prétendront, s'adreſſeront au Directeur, qui prendra des informations ſur leurs vies & mœurs. Il indiquera enſuite à ceux qu'il jugera pouvoir être admis dans le Collé-ge, ſix Experts choiſis dans la Capitale , qui, après les avoir examinés ſur leur capacité & ſur leur méthode (1) décideront leſquels méri-tent la préférence.

Chaque Maître rendra compte tous les mois au Directeur du progrès de ſes Ecoliers. Il ne pourra être renvoyé qu'au cas qu'il ne ſoit point aſſidu à ſes exercices, ou qu'il donne de mauvais exemples. Lorſque le Directeur lui ſignifiera de ſortir du Collége, il ſera en droit de demander des Commiſſaires. La Procédure ſe fera à ſes frais, s'il eſt trouvé coupable ; & aux frais du Directeur, s'il ſe juſtifie.

Les Eleves entreront dans le Collége de-puis cinq ans & demi juſqu'à ſept , & y reſte-ront dix ans. Les cinq premieres années, ils logeront dans des corridors ou galeries, & leurs lits ne feront ſéparés que par une cloiſon. Pen-

---

(1) Avec une bonne méthode on apprend en moins de temps, & on retient mieux ce qu'on a appris. Si jamais l'établiſſement dont il s'agit, avoit lieu, ce ſeroit ſur-tout par ſes méthodes qu'il ſe rendroit recommandable.

dant ce temps ils apprendront à lire, à écrire, l'Arithmétique , & les principes de la Danſe. On donnera de plus les principes du Deſſin & de la Muſique vocale à ceux qui paroîtront avoir des diſpoſitions pour ces Arts : ils n'auront aucune relation avec les autres Eleves , & ne ſe trouveront avec eux qu'à l'Egliſe. La ſixieme année, ils entreront dans un autre corps-de-logis; ils y paſſeront quatre ans, qui ſeront ſpécialement employés à cultiver les talens qu'on aura reconnus leur être propres. La derniere année , ils paſſeront dans un troiſieme corps-delogis , où ils occuperont des chambres plus grandes que dans le précédent. Ils acheveront d'y perfectionner les connoiſſances qu'ils auront acquiſes , & apprendront de plus à monter à cheval , & à faire des armes.

L'ÉTABLISSEMENT ſera formé de façon que chaque année il entrera le même jour cinquante Eleves , & il en ſortira cinquante.

IL ſuit de l'expoſé qu'on vient de faire, que les bâtimens néceſſaires pour former l'établiſſement, ſont, 1°. Un corps-de-logis pour deux cens cinquante Eleves. 2°. Un autre corps-de-logis pour deux cens autres Eleves. 3°. Un troiſieme pour les cinquante qui doivent ſortir du Collége à la fin de l'année. 4°. Un corps-de-logis pour les Maîtres. 5°. Un corps-de-logis pour le Directeur & les étrangers. 6°. Une Infirmerie. 7°. Une Chapelle. 8°. Un manège. Mais il est clair, par la nature même de l'établissement, que tous ces bâtimens ne doivent pas être construits avant d'y recevoir des Eleves. On va expliquer les moyens dont on pourra se servir pour les édifier à mesure qu'ils deviendront nécessaires.

Le Collége n'aura d'autres fonds que les pensions des Eleves ; elles seront toutes de cent pistoles, moyennant quoi on les entretiendra sains & malades. Si elles paroissent fortes pour le premier âge, on les trouvera foibles pour les dernieres années, & les unes compenseront les autres. Quand il sera question de commencer l'établissement, on fera un emprunt de cinq cens mille livres, dont on paiera l'intérêt à quatre pour cent. On en achetera un fond, où l'on bâtira le corps-de-logis des Enfans & une Chapelle. A la fin de la troisieme année, les bâtimens seront en état. On y recevra, la quatrieme, cent Eleves, avec lesquels entreront le Directeur, deux Préfets, le Maître à lire, & vingt Domestiques. La cinquieme année, cinquante nouveaux Enfans entreront avec le Maître à écrire. La fixieme , cinquante autres avec les Maîtres d'Arithmétique , de Danfe , le Deffin & de Mufique vocale ; & la feptieme, cinquante autres.

L'établiffement devant être à la campagne, on n'y paiera aucun droit pour les objets de confommation. Les Domeftiques vivant fur le commun , & des Enfans confommant peu , on peut fixer la dépenfe de la bouche par tête à deux cens cinquaute livres.

L'entretien des Eleves , & la dépenfe qu'on fera pour ceux qui tomberont malades, peut être évaluée à cent cinquante livres par tête. Mais il faut remarquer que, dans ces commencemens, l'entretien coûtera peu , parce que les Eleves entreront munis de tout ce qui leur fera néceffaire. D'après ces obfervations , voici comme on doit calculer la dépenfe qui fe fera faite dans le Collége pendant les quatre premieres années.

Pour la nourriture de cent vingt-
    quatre perfonnes. . . . . . . 31000 liv.
Pour l'entretien de cent enfans, à
    cent francs par tête. 10000
Pour les honoraires du Directeur,
    de deux Préfets & du Maître à
    lire. 12000
Pour les gages de vingt Domeftiques. 3000

Premiere
année.

Seconde année.	Pour la nourriture de cent soixante & quinze personnes.	43750 liv.
	Pour l'entretien de cent cinquante Enfans.	15000
	Pour les honoraires du Directeur, de deux Préfets & de deux Maîtres.	14400
	Pour les gages de vingt Domestiques.	3000
Troisieme année.	Pour la nourriture de deux cens vingt-neuf personnes.	57250
	Pour l'entretien de deux cens Enfans.	20000
	Pour les honoraires du Directeur, de deux Préfets & de six Maîtres.	24000
	Pour les gages de vingt Domestiques.	3000
Quatrieme année.	Pour la nourriture de deux cens soixante-dix-neuf personnes. . .	69750
	Pour l'entretien de deux cens cinquante Enfans.	25000
	Pour les honoraires du Directeur, de deux Préfets & de six Maîtres.	24000
	Pour les gages de vingt Domestiques.	3000
	Il faut ajouter à cette dépense l'intérêt de cinq cens mille livres pendant sept ans.	140000

Total. . . . 498150 liv.

On a pour les penſions dans ces quatre années,

Pour la premiere année. . . . . ɪ00000 liv.
Pour la ſeconde année. . . . ɪ50000
Pour la troiſieme année. 200000
Pour la quatrieme année. . . . 250000

      Total. . . 700000 liv.

Si de ſept cens mille livres on ôte quatre cens
quatre-vingt-dix-huit mille cent cinquante livres,
il reſtera deux cens un mille huit cens ſinquan-
te livres, à quoi auront monté les profits que
le Collége aura faits ſur les penſions après quatre ans d'exercice. On fera alors un nouvel
emprunt de cinq cens mille livres que l'on
emploiera, avec le bénéfice des années précé-
dentes, & celui qu'on continuera de faire, à
bâtir dans cinq ans les autres corps-de-logis, &
à fournir le Collége de tout ce qui lui ſera néceſſaire. On ne recevra point d'Eleves la cinquieme année ; la ſixieme, il en entrera cinquante, deux nouveaux Préfets, treize Maîtres
& vingt Domeſtiques ; la ſeptieme année, il
entrera cinquante Eleves & un Maître ; la huitieme année, cinquante Eleves & un Maître,
& la neuvieme année, cinquante Eleves & deux
Maîtres.

Voici quelle fera la dépenfe de ces cinq années.

Cinquieme année. La depenfe de la cinquieme année dans laquelle on n'aura pas reçu d'Eleves, fera la même que celle de l'année précédente, & montera à. . . . . 121750 liv.

Sixieme année. Pour la nourriture de trois cens foi-xante-quatre perfonnes. . . . 91000

Pour l'entretien de trois cens Ele-ves, à cent cinquante livres par tête. 45000

Pour les honoraires du Directeur, de quatre Préfets & de dix-neuf Maîtres. 60000

Pour les gages de quarante Domef-tiques. . . . . 6000.

Septieme année. Pour la nourriture de quatre cens quinze perfonnes. 103750

Pour l'entretien de trois cens cin-quante Eleves. 52500

Pour les honoraires du Directeur, de quatre Préfets & de vingt Maî-tres. 62400

Pour les gages de quarante Domef-tiques. 6000

Huitieme année. Pour la nourriture de quatre cens foixante - fix perfonnes. . . . 116500

(29)

Pour l'entretien de quatre cens
Eleves. . . . . 60000 liv.
Pour les honoraires du Directeur,
de quatre Préfets & de vingt-un
Maîtres. 64800
Pour les gages de quarante Domef-
tiques. 6000
Pour la nourriture de cinq cens dix-
huit perfonnes. 129500
Pour l'entretien de quatre cens cin-
quante Eleves. 67500
Pour les honoraires du Directeur,
de quatre Préfets & de vingt-trois
Maîtres. 69600
Pour les gages de quarante Domef-
tiques. 6000
Pour les intérêts d'un million pen-
dant cinq ans. 200000

      TOTAL. . . 1268300 liv.

On a reçu pendant ce temps,
Pour la cinquieme année. . . . 250000
Pour la fixieme année. . . . 300000
Pour la feptieme année. . . . 350000
Pour la huitiéme année. . . . 400000
Pour la neuvieme année. . . . 450000

      TOTAL. . . 1750000 liv.

Qui de dix-sept cens cinquante mille livres ôte douze cens soixante-huit mille trois cens livres, reste quatre cens trente-un mille sept cens livres de bénéfice sur les pensions que le Collége aura fait pendant les cinq dernieres années, lesquelles ajoutées aux profits précédens, & au million emprunté, forment le fonds du Collége, qui, au commencement de la dixieme année, doit avoir, soit en bâtimens, soit en ameublemens, tout ce qui lui est nécessaire. Examinons maintenant la dépense qui se fera dans le cours de la dixieme année.

Pour la nourriture de six cens personnes. . . . . 150000 liv.

Pour l'entretien de cinq cens Eleves. 75000

Pour les honoraires du Directeur, de six Préfets & de vingt-cinq Maîtres. 79200

Pour les gages de soixante Domestiques. 9000

Pour les réparatious des bâtimens, l'entretien des lits, du linge & des ameublemens. 25000

Pour le paiement des intérêts d'un million. 40000

TOTAL. . . 378200 liv.

Comme on aura reçu cette année cinq cens mille livres , & que la dépenſe n'aura monté qu'à trois cens ſoixante & dix-huit mille deux cens livres , on aura de profit cent vingt & un mille huit cens livres, qui ſeront également le profit des années ſuivantes , puiſque la recette & la dépenſe ſeront les mêmes. On rembourſera des profits de la dixieme année cent mille livres de dettes , & on fera la même choſe les années ſuivantes ; & par ce moyen, la dix-neuvieme année , toutes les dettes du Collége ſe trouveront éteintes , & les profits , dans le cours de ces dix années , vu le rembourſement de cent mille livres chaque année, ſeront ,

Pour la dixieme année. . . . . 21800 liv.
Pour la onzieme année. . . . 25800
Pour la douzieme année. 29800
Pour la treizieme année. 33800
Pour la quatorzieme année. . . . 37800
Pour la quinzieme année. . . . 41800
Pour la ſeizieme année. 45800
Pour la dix-ſeptieme année. . . . 49800
Pour la dix-huitieme année. . . 53800
Pour la dix-neuvieme année. . . 57800

TOTAL. . . 398000 liv.

L'établiſſement ſe trouvant quitte de ſes detres à la fin de la dix-neuvieme année, aura donc placé en bâtimens & en ameublemens,

1°. Le million remboursé. . . 1000000 liv.

2°. Les profits des quatre premieres années montant à. . . . 201850

3°. Les profits des cinq années suivantes montant à. 431700

4°. Les profits des dix années montant à. 398000

TOTAL. . . 2031550 liv.

C'est ainsi que l'établissement proposé, loin d'engager à aucune dépense, aura, au bout de dix-neuf ans, fourni plus de deux millions. Il jouiroit alors, moyennant l'extinction de ses dettes, de plus de cent soixante mille livres de rente, s'il ne falloit pourvoir aux honoraires des Maîtres qui voudront se retirer au bout de vingt ans, ainsi qu'à la nourriture & à l'entretien des Domestiques infirmes. Vingt-un mille huit cents livres suffiront pour cet objet. Cette somme étant distraite de celle de cent soixante-un mille huit cens livres qu'on a trouvé être le bénéfice que le Collége fera, chaque année, sur les pensions, laissera de net à l'établissement cent quarante mille livres de rente, que l'on emploiera à augmenter le nombre des Préfets, ou à donner des Suppléans aux Maîtres,

s'il

(33)

s'il eſt néceſſaire, à recevoir gratuitement un
certain nombre de Penſionnaires, à former une
Bibliothèque, un Cabinet d'Hiſtoire naturelle,
un autre de Phyſique expérimentale, une Col-
lection de tableaux, à acheter, en un mot,
tout ce qui pourra fournir de nouveaux ſecours
pour perfectionner les talens des Eleves.

TELLE eſt la maniere dont on peut exécu-
ter le plan propoſé. Un établiſſement tel que,
celui qu'on vient de décrire, ſeroit ſupérieur à
tous les établiſſemens connus. 1°. Un Collége,
qui, en moins de vingt ans, a pour plus de
deux millions de fonds, & qui peut, chaque
année, mettre près de cinquante mille écus en
réſerve, eſt beaucoup au-deſſus de tout ce qui exiſte
dans ce genre. 2°. L'établiſſement dont il s'agit
réuniroit toutes les parties de l'éducation avec
tous les ſécours qui ſeroient néceſſaires pour y
réuſſir. 3°. On n'y pourroit entrer que dans l'âge
où les vices n'ont point encore pris de racine.
4°. L'éducation des Enfans y ſeroit diſtinguée
de celle des autres Eleves; un Enfant de huit
ans, & celui qui en a quinze ne devant avoir
ni la même nourriture, ni les mêmes amuſe-
mens, ni les mêmes exercices. 5°. Enfin le ſort
des Maîtres y étant plus avantageux que dans
tout autre Collége, il ſera plus facile de ſe procurer ce qu'il y a de mieux dans chaque genre.

C

On paſſe ſous ſilence une multitude d'autres avantages qui diſtingueront l'établiſſement pro-jetté de tous les autres, & qui ne peuvent être bien ſaiſis que par l'exécution. En général il eſt aiſé de comprendre que, ſi le plan eſt bien combiné, ſi le public lui fait un accueil favorable, & s'il eſt protégé, tous les Etats policés de l'Europe concourront à l'envi à le réaliſer : les Eleves ſe préſenteront en foule; bientôt on verra d'autres maiſons s'élever ſur le même mo-dèle, & l'éducation, cette ſeconde vie que l'on donne à l'Enfant, cette ſource inépuiſable des vertus & des vices, l'éducation, ſi foible encore & ſi défectueuſe, ſera enfin portée au dégré de perfection dont elle eſt ſuſceptible. Il réſultera même un avantage de ce que les penſions fixées ſont au-deſſus du prix ordinaire; c'eſt qu'il n'y aura que les perſonnes aiſées qui ſeront dans le cas de faire cette dépenſe. Or il eſt utile à un Etat que ceux qui ſont deſtinés à remplir des places, & à tenir un rang, ſoient mieux élevés à proportion que le commun des hommes. Nés pour commander un jour, & pour ſervir d'exem-ple, il convient de les y préparer avec ſoin, afin qu'étant imbus de bonne-heure des meil-leurs principes, ils ſachent bien uſer de l'autorité & des dons de la fortune.

Pour mieux entrer dans l'eſprit de ce plan,

fuppofons pour un moment qu'il exifte , &
effayons de rendre l'impreffion qu'il feroit fur
une ame fenfible.

A quelque diftance d'une Ville s'éleve **un**
édifice fuperbe qui peut s'en procurer toutes les
commodités. Ses bâtimens vaftes & nombreux
forment un tout régulier ; ils font agréables à
la vue, & commodes pour ceux qui les habi-
tent : c'eft l'ouvrage du goût, de l'art & du gé-
nie. Cette maifon eft deftinée à former des
hommes : toutes les parties de l'éducation y
font raffemblées ; elles fe prêtent des fecours mu-
tuels, & font liées entr'elles par une chaîne in-
diffoluble : le culte qu'on doit à la Divinité y
eft connu & refpecté : l'ordre & la paix y ha-
bitent : le vice n'y trouve point d'afyle ; il fuit
de cet heureux féjour comme les ténébres dif-
paroiffent à l'afpect de la lumiere : une bril-
lante jeuneffe y cultive , au milieu des ris &
des jeux , les Arts & les Sciences : chaque
âge y apprend ce qui lui convient : on y enfei-
gne tout ce qu'il eft poffible d'apprendre : il
n'eft point de talent qu'on n'y développe, &
qui ne s'y perfectionne. Rien dans cette maifon
ne reffent la gêne : tout y coule de fource : la
Religion, la raifon, la connoiffance de l'homme ont préfidé à fon établiffement , & le main-
tiennent. Un Souverain y dicte des ordres ; fon

empire est abfolu ; il n'eft borné que par la Loi :
le bien qu'il peut faire eft infini. Abufe-t-il de
fon autorité ? à l'inftant le fceptre tombe de fes
mains. Enfin les loix de cette maifon font fim-
ples & en petit nombre : on admire leur fageffe : on en apperçoit la liaifon & la néceffité :
elles portent la lumiere dans l'efprit de ceux
qui les connoiffent. Il n'en eft aucun qui ne foit
convaincu que le plan qui les a réunies eft tellement combiné, qu'il fuffiroit d'en violer une
feule pour tout renverfer & tout détruire. Quel
fpectacle ! quel enchantement ! Tout ce qu'on
voit, tout ce qu'on entend étonne & ravit : les
fens font fatisfaits : l'efprit cherche en vain
s'il exifte rien de plus parfait dans la nature :
l'imagination épuifée fuccombe fous le poids de
tant de merveilles. La nation qui a fu fe procurer ainfi l'établiffement le plus beau, le plus
grand, le plus utile, le plus digne de l'homme,
a pofé pour jamais les fondemens de fon bonheur & de fa gloire.

F I N.